江口沉银遗址出土金银货币卷

四川省文物考古研究院
国家文物局考古研究中心
眉山市彭山区文物保护研究所　编

国家出版基金项目
NATIONAL PUBLICATION FOUNDATION
“十四五”国家重点出版物出版规划
江口沉银
四川彭山江口古战场遗址
文物考古研究丛书

巴蜀书社

江口沉银

江口沉银

四川彭山江口古战场遗址文物考古研究丛书

编委会

总序

江口沉银遗址是中国百年来最为重要的明清时期考古发现。该遗址2005年被发现，随后公布为文物保护单位，2017年进行了首次考古发掘。考古工作者根据文献记载并结合出土实物，确认遗址的性质是明末张献忠大西军与杨展南明军于1646年发生江口之战的古代战场遗址，实证了张献忠江口沉银的传说。

江口沉银遗址出土了迄今为止数量最多的明代金银文物和大西政权文物，并且首次发现了张献忠册封妃嫔所用金册和明代藩王世子所用金印。遗址内出土文物的种类以金、银、铜、铁等金属材质为主，器物类型主要以金银货币、金银首饰和金银器具为主；这些器物年代从明代中期一直到明代晚期，延绵上百年的历史，同时也承载了跨越了明代大半个中国的地域信息。从等级上来看，这些文物不仅有张献忠大西政权和明代各地藩府的皇室珍藏，亦包含属于明代官府乃至平民的遗物，涵盖了明代社会的各个阶层。这批文物来源地域广泛，内涵非常丰富，涉及明代社会的政治、经济、历史、文化和军事等多个方面，是考古资料对明代社会最为全面的一次反映，尤其对研究明末清初的历史格局具有重要意义。

除此之外，江口沉银遗址因地处岷江与府河交汇处，扼进出成都水路之咽喉，历来为兵家必争之地。至明清时期，更发展成为一繁荣集市。因此在遗址中，除了与江口之战相关的文物被发现以外，还出土了大量上至西周、下至民国时期的历代文物，其中以先秦时期的青铜兵器、工具和战国至民国时期的历代钱币最具代表性，也不失为遗址内的又一类重要考古发现。

为认真落实《关于实施中华优秀传统文化传承发展工程的意见》《建设文化强省中长期规划纲要（2019–2025年）》《关于加强文物保护利用改革的实施意见》等中共四川省委、四川省人民政府关于文化建设的决策部署，进一步开发本省以文物为载体的丰富资源，繁荣和发展四川文化，四川省文物考古研究院推出的《江口沉银：四川彭山江口古战场遗址文物考古研究丛书》（以下简称“江口沉银”研究丛书），总结了江口沉银遗址的考古发掘工作，提供了最新最全的文物整理信息和保护研究成果。“江口沉银”研究丛书出版的意义主要体现在以下四个方面：

一是首次全面完整地展示了江口沉银遗址的考古研究成果，有利于促进四川地区明清考古工作的发展，提升四川地区内水考古工作水平，展示了四川田野考古的创新能力，显示了四川省对文化资源的高度重视和保护。

二是有利于推动明清史领域的相关研究。江口沉银遗址是中国明清时期的重大考古发现，为我们研究明末张献忠的历史传说提供了实物佐证，也为研究农民起义军的征战历史、政权建设和经济建设提供了海量原始资料，极大丰富了明代历史文化内涵；同时这些出土文物也对研究明代社会的政治经济状况和物质文化形态起到了重要作用，活化了明末四川历史场景。

三是展示了国内内水考古新理念和新技术的具体应用，是新时期考古发掘工作的典范。江口沉银遗址考古是一次传统与高科技手段相结合的考古发掘，开创了全新的考古工作类型。丛书中的科技考古篇章，总结了江口沉银遗址发掘的科技考古工作，如首创围堰考古的工作模式，以及在发掘过程中运用的地球物理探测、水文分析等科技手段。科技考古成果的出版，将为今后我国内河遗址的考古发掘，提供工作式范和经验借鉴。

四是实践了考古融入公众生活，与公众共享考古成果的理念。从江口沉银遗址考古发掘伊始，四川省文物考古研究院即向公众提供了参与本次考古发掘工作的机会，在国内首次面向全社会招募考古志愿者，并允许志愿者全程参与考古发掘。丛书中的公众考古篇章，即江口沉银遗址考古志愿者活动的成果体现。考古志愿者在公众与考古之间搭建了可以沟通的桥梁，让公众真正有机会认识考古并共享考古成果。

“江口沉银”研究丛书遵照“全面呈现、客观还原、注重创新、面向公众”的原则，将江口沉银遗址六个年度（2017–2022年）的考古发掘成果，进行整理研究和编辑出版。在“全面呈现、客观还原”的原则下，以图录的形式刊布考古基础材料，主要为典型器物的高清图片、线图、拓片、尺寸和重量等信息资料，由考古单位权威发布，及时向学界呈现江口沉银遗址出土文物的全貌。在“注重创新、面向公众”的原则下，运用新理念、新技术和新方法开展考古研究，同时也对公众考古工作进行了总结。

“江口沉银”研究丛书从考古资料公布、文物考古研究、科技考古和公众考古等多个角度，对江口沉银遗址的考古成果进行了较为完整系统的刊布，总计分为十卷。前五卷是《江口沉银遗址出土金银货币卷》《江口沉银遗址出土金银器饰卷》《江口沉银遗址出土历代钱币卷》《江口沉银遗址出土器物线图卷》和《江口沉银遗址公众考古卷》，主要为考古资料刊布；后五卷为《江口沉银遗址出土金银册宝研究》《江口沉银遗址出土金银器饰工艺研究》《江口沉银遗址出土金银货币研究》《江口沉银遗址出土历代钱币研究》和《江口沉银遗址地球物理探测与河流水文分析》，侧重于对遗址本体及出土文物的考古研究等。

“江口沉银”研究丛书的编撰启动于2021年，由四川省文物考古研究院组织北京大学、四川大学、电子科技大学、华东师范大学、中央民族大学、国家博物馆、国家文物局考古研究中心、中国地质调查局成都地质调查中心等单位的二十余位专家共同完成。丛书的出版得到了国家文物局、中共四川省委宣传部、四川省文化和旅游厅和四川省文物局的大力支持，得到了国内外诸多专家学者的指导和帮助，在编辑过程中巴蜀书社亦投入了大量的精力，在此一并表示衷心感谢。

唐飞

2023年3月1日

目录

序

江口沉银遗址是2017年的全国十大考古新发现之一，发掘伊始便引起社会各界的极大关注，原因在于这个遗址与之前的古代遗址有相当大的不同之处。首先，它位于岷江水底，内河考古于中国而言还是比较少见；其次，遗址的形成与张献忠这个历史人物的传说有密切关系，为考古工作平添了一丝神秘色彩；最后，遗址内埋藏的文物多半是金银，而这类文物最能吸引普通民众的注意力。2017年1月5日，在万众瞩目之下，由四川省文物考古研究院联合国家文物局水下文化遗产保护中心、眉山市文物保护研究所、眉山市彭山区文物保护研究所等单位正式对江口沉银遗址进行考古发掘。

江口沉银遗址位于四川省眉山市彭山区江口镇的岷江河道内，目前已经进行了四次考古发掘。通过出水实物，证实了遗址的性质为1644年明末农民起义军将领张献忠与前明参将杨展发生江口之战的古代战场遗址。历年发掘总计出水各类文物达七万余件，其中包含了大量明代的金银货币。

金银货币的形态均以较为规整的“锭”为主，还包括形态不太规整的“条”“饼”和“块”。“锭”形态均为两端起翅，平底或弧底。中国古代金银货币的形态从“铤”到“锭”的发展规律是比较清楚的，因此在遗址中发现的明代金银货币呈现以锭为主的形态是符合历史发展规律的。

明代的一两大致相当于现在的37克。从重量上来看形态较为标准的金锭，是以小锭为主，从一两到二十两不等，超过二十两的金锭极为罕见。银锭的重量较金锭更为多样，且大锭和小锭的数量均较为可观。大锭是指五十两为一锭的明代标准锭，五十两是明代税银的标准重量，从出水的数百枚五十两大锭来看，基本上较为严格的遵守了这一重量值。小锭的重量值则显得没有那么严格，最小的低于一两，最大的可达四十两。部分小锭的重量值不甚规整，整数“两”之外，需要使用更小的重量单位“分”和“钱”来表示。

多数五十两的大锭上，均刻有文字。刻在锭面的文字，用来标识银锭的关键信息，如银锭的重量、铸地、税种、监制官员及银匠姓名等。从铸地来看，这批银锭来自陕西、河南、湖北、湖南、江西、广东、广西、四川和云南等地，与张献忠起义后的行军路线基本一致。以明代的区划来看，来自湖广和四川地区的银锭数量最多。以税收种类来看，则包括了粮食、马草、轻赍、军饷、禄米、四司、牙行等十几个税种，其中以粮税银的数量最多。除了明朝的税银外，通过银锭上的文字，我们还首次发现了张献忠大西政权的税银。从税银的铸地来看，有双流、新津、眉山、乐山、邛崃、彭州、广汉和德阳等地，基本上分布在以成都为中心的周边区域，这对我们认识大西政权建立后的稳定统治区域具有极为重要的指示意义。

根据既往研究，金、银锭束腰且两端起翅的形态，是通过模具铸造而成。在江口沉银出水的这批金银锭上，可以清晰观察到模制的痕迹。在多数大银锭及部分小锭的表面可以看到以锭面为中心向四周扩散的水波纹；在多数银锭的底部可以看到如蜂窝状密布的气孔；以上均为明代银锭在铸造过程中形成的最为显著的工艺特点。

金银货币，尤其是白银货币，于明代社会经济而言，占据了极为重要的地位。从明代早期的钱钞并行到明代晚期的白银成为最主要货币，这一转变过程反映了明代社会经济发展的需求，对于中国货币发展史而言也具有划时代的意义。江口沉银遗址出水了目前为止数量最多的明代金银货币，这批考古资料的公布必将有力推动明代铸币史、社会经济史乃至全球贸易史的进一步深入研究。

江口沉银

·遗址出土金银货币卷·

黄金上币

金锭

明代 | 金

长 7.97 厘米
束腰宽 4.07 厘米
高 3.38 厘米
重 906.78 克

—

金锭

明代 | 金

长 6.97 厘米
束腰宽 3.60 厘米
高 3.21 厘米
重 445.79 克
—

金锭

明代 | 金

长 7.80 厘米

束腰宽 3.65 厘米

高 3.05 厘米

重 425.27 克

—

金锭

明代｜金

长 6.96 厘米

束腰宽 3.66 厘米

高 3.17 厘米

重 372.00 克

—

金锭

明代 | 金

长 6.62 厘米
束腰宽 3.52 厘米
高 2.63 厘米
重 371.66 克
—

金锭

明代 | 金

长 7.79 厘米
束腰宽 3.21 厘米
高 1.72 厘米
重 370.76 克

—

金锭

明代 | 金

长 6.95 厘米
束腰宽 3.55 厘米
高 3.52 厘米
重 370.66 克

—

金锭

明代 | 金

长 6.77 厘米
束腰宽 3.48 厘米
高 2.91 厘米
重 369.81 克
—

金锭

明代 | 金

长 7.86 厘米

束腰宽 3.11 厘米

高 2.01 厘米

重 369.08 克

—

金锭

明代 | 金

长 6.88 厘米
束腰宽 3.39 厘米
高 2.64 厘米
重 368.20 克

—

金锭

明代｜金

长 7.64 厘米

束腰宽 3.23 厘米

高 2.80 厘米

重 366.63 克

—

金锭

明代 | 金

长 7.80 厘米

束腰宽 3.36 厘米

高 2.58 厘米

重 366.63 克

—

金锭

明代 | 金

长 7.64 厘米
束腰宽 3.31 厘米
高 2.63 厘米
重 362.54 克

—

金锭

明代｜金

长 7.63 厘米
束腰宽 3.22 厘米
高 2.82 厘米
重 345.29 克
—

金锭

明代 | 金

长 8.39 厘米
束腰宽 3.32 厘米
高 2.22 厘米
重 252.30 克
—

金锭

明代｜金

长 4.89 厘米
束腰宽 2.57 厘米
高 1.81 厘米
重 189.19 克

—

金锭

明代 | 金

长 4.79 厘米
束腰宽 1.91 厘米
高 2.70 厘米
重 188.70 克
—

金锭

明代 | 金

长 5.01 厘米
束腰宽 2.57 厘米
高 2.05 厘米
重 187.12 克
—

金锭

明代｜金

长 5.64 厘米
束腰宽 1.93 厘米
高 2.77 厘米
重 185.47 克
—

金锭

明代｜金

长 6.54 厘米
束腰宽 2.59 厘米
高 1.71 厘米
重 185.05 克
—

金锭

明代 | 金

长 4.89 厘米
束腰宽 1.94 厘米
高 2.50 厘米
重 184.89 克
—

金锭

明代 | 金

长 4.80 厘米
束腰宽 1.89 厘米
高 2.72 厘米
重 184.67 克

金锭

明代 | 金

长 5.88 厘米
束腰宽 3.06 厘米
高 0.95 厘米
重 183.36 克
—

金锭

明代 | 金

长 5.38 厘米
束腰宽 2.29 厘米
高 2.18 厘米
重 183.07 克

—

金锭

明代｜金

长 5.23 厘米
束腰宽 2.78 厘米
高 1.54 厘米
重 183.06 克
—

金锭

明代 | 金

长 5.66 厘米
束腰宽 2.32 厘米
高 1.77 厘米
重 180.64 克
—

金锭

明代｜金

长 6.52 厘米
束腰宽 2.73 厘米
高 1.55 厘米
重 172.61 克
—

金锭

明代｜金

长 5.06 厘米
束腰宽 2.40 厘米
高 1.27 厘米
重 167.05 克
—

金锭

明代 | 金

长 5.36 厘米
束腰宽 2.67 厘米
高 1.56 厘米
重 143.67 克
—

金锭

明代 | 金

长 6.52 厘米
束腰宽 2.56 厘米
高 2.47 厘米
重 126.68 克
—

金锭

明代 | 金

长 4.15 厘米
束腰宽 2.36 厘米
高 1.24 厘米
重 112.92 克

—

金锭

明代 | 金

长 4.76 厘米
束腰宽 2.36 厘米
高 1.64 厘米
重 107.46 克

—

金锭

明代 | 金

长 5.15 厘米
束腰宽 2.68 厘米
高 1.27 厘米
重 88.18 克

—

金锭

明代 | 金

长 3.99 厘米
束腰宽 1.87 厘米
高 1.85 厘米
重 75.17 克

—

金锭

明代 | 金

长 3.89 厘米
束腰宽 1.87 厘米
高 1.75 厘米
重 73.57 克
—

金锭

明代 | 金

长 3.84 厘米
束腰宽 1.86 厘米
高 1.69 厘米
重 73.01 克
—

金锭

明代 | 金

长 3.45 厘米
束腰宽 2.09 厘米
高 1.05 厘米
重 47.76 克
—

金锭

明代 | 金

长 3.00 厘米
束腰宽 1.63 厘米
高 0.62 厘米
重 22.62 克
—

金饼

明代｜金

长 8.29 厘米
宽 7.78 厘米
厚 1.32 厘米
重 453.21 克

—

金饼

明代｜金

长 9.44 厘米
宽 4.18 厘米
厚 0.94 厘米
重 367.47 克
—

金饼

明代｜金

长 6.40 厘米
宽 4.96 厘米
厚 1.08 厘米
重 320.50 克
—

金饼

明代｜金

长 7.69 厘米
宽 4.87 厘米
厚 0.42 厘米
重 186.13 克
—

金饼

明代 | 金

长 3.82 厘米
宽 3.50 厘米
厚 0.79 厘米
重 78.69 克
—

金饼

明代 | 金

长 3.92 厘米
宽 2.59 厘米
厚 0.40 厘米
重 34.23 克

—

金块

明代 | 金

长 11.78 厘米
宽 8.12 厘米
厚 1.17 厘米
重 1412.82 克

—

金块

明代 | 金

长 10.35 厘米
宽 6.64 厘米
厚 0.95 厘米
重 738.26 克

—

金块

明代｜金

长 6.73 厘米
宽 4.22 厘米
厚 1.85 厘米
重 454.20 克

—

金块

明代 | 金

长 6.38 厘米
宽 4.43 厘米
厚 1.12 厘米
重 274.18 克
—

金块

明代｜金

长 4.83 厘米
宽 2.15 厘米
厚 2.22 厘米
重 186.43 克

—

金块

明代｜金

长 3.00 厘米
宽 2.29 厘米
厚 2.00 厘米
重 165.13 克

—

金块

明代｜金

长 3.58 厘米
宽 2.65 厘米
厚 2.20 厘米
重 132.67 克
—

金块

明代｜金

长 4.59 厘米
宽 2.63 厘米
厚 0.80 厘米
重 91.06 克
—

金条

明代 | 金

长 6.86 厘米
宽 2.41 厘米
厚 1.88 厘米
重 329.71 克
—

金条

明代 | 金

长 12.22 厘米

宽 1.22 厘米

厚 0.78 厘米

重 284.03 克

—

金条

明代｜金

长 9.52 厘米
宽 2.72 厘米
厚 0.76 厘米
重 205.52 克
—

金条

明代 | 金

长 12.09 厘米

宽 1.13 厘米

厚 1.06 厘米

重 188.43 克

—

金条

明代 | 金

长 12.05 厘米

宽 1.13 厘米

厚 1.01 厘米

重 184.61 克

—

金条

明代｜金

长 13.48 厘米
宽 1.65 厘米
厚 0.91 厘米
重 182.58 克
—

金条

明代｜金

长 15.83 厘米
宽 1.56 厘米
厚 0.83 厘米
重 180.52 克

—

金条

明代｜金

长 15.80 厘米
宽 1.57 厘米
厚 0.82 厘米
重 176.03 克
—

金条

明代 | 金

长 13.24 厘米
宽 1.61 厘米
厚 1.12 厘米
重 175.51 克

—

金条

明代｜金

长 13.52 厘米
宽 1.46 厘米
厚 0.92 厘米
重 144.84 克
—

金条

明代｜金

长 8.67 厘米
宽 1.36 厘米
厚 0.81 厘米
重 90.87 克
—

金条

明代｜金

长 7.85 厘米
宽 1.83 厘米
厚 0.59 厘米
重 79.85 克
—

金条

明代 | 金

长 7.71 厘米
宽 2.33 厘米
厚 0.56 厘米
重 69.15 克
—

金条

明代 | 金

长 11.05 厘米
宽 1.10 厘米
厚 0.40 厘米
重 60.94 克
—

江口沉银

·遗址出土金银货币卷·

沉银出水

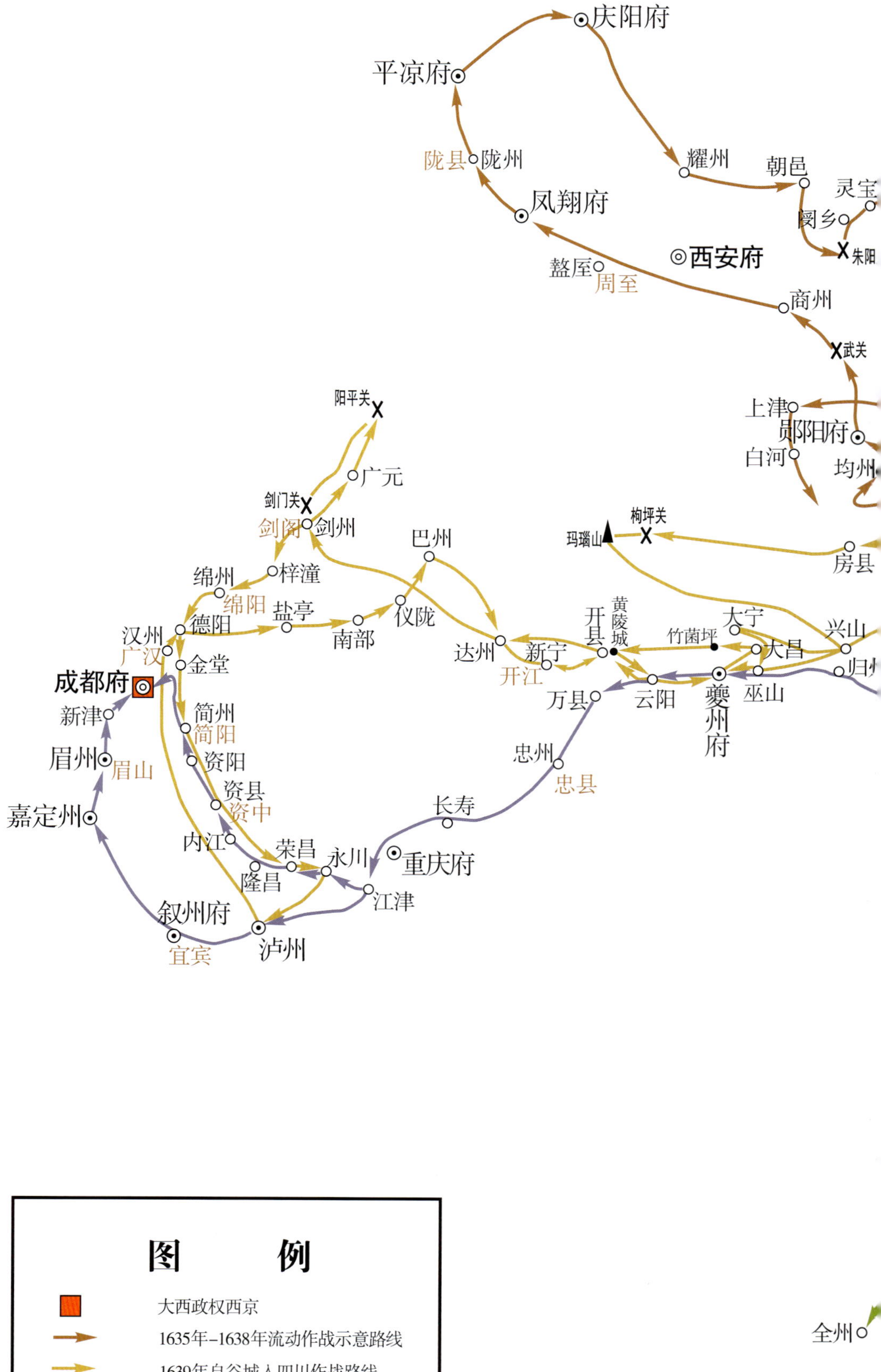
庆阳府
平凉府
陇县
陇州
耀州
朝邑
灵宝
阌乡
朱阳
凤翔府
西安府
盩厔
周至
商州
武关
上津
郧阳府
白河
均州
阳平关
广元
剑门关
剑阁
剑州
巴州
玛瑙山
枸坪关
房县
绵州
梓潼
绵阳
盐亭
仪陇
南部
德阳
汉州
广汉
金堂
达州
新宁
开江
开县
黄陵城
竹菌坪
大宁
大昌
兴山
巫山
归州
云阳
万县
夔州府
成都府
新津
眉州
眉山
简州
简阳
资阳
资县
资中
嘉定州
内江
荣昌
隆昌
永川
重庆府
忠州
忠县
长寿
江津
叙州府
宜宾
泸州
全州
图 例
大西政权西京
1635年–1638年流动作战示意路线
1639年自谷城入四川作战路线
1643年自武昌向南进军路线
1644年自岳州进军四川路线
图上棕色注记均为今地理要素

张献忠行军路线示意图

河南府
洛阳
荥阳
开封府
白沙
汝州
嵩县
圪料镇
叶县
郾城
颍州
阜阳
凤阳府
邓州
确山
新蔡
寿州
滁州
六合
新野
谷城
光州
潢州
固始
霍丘
江浦
应天府
南京
樊城
枣阳
合肥
庐州府
含山
襄阳府
襄樊
六安州
和州
舒城
巢县
随州
应山
霍山
庐江
无为州
云梦
麻城
桐城
夷陵州
宜昌
应城
罗田
英山
潜山
荆州府
江陵
武昌府
黄州府
太湖
安庆府
鄄家店
蕲州
宿松
黄梅
咸宁
蒲圻
九江府
岳阳
岳州府
常德府
长沙府
宁乡
袁州府
宜春
建昌府
南城
萍乡
醴陵
宝庆府
邵阳
吉水
南丰
吉安府
衡州府
衡阳
永州府
道州
道县
连县
连州

银锭

明代 | 银

长 13.77 厘米
束腰宽 6.37 厘米
高 7.56 厘米
重 1883.31 克

—

注：五十两银锭依张献忠行军路过省份分类，在各省内部按行军时间先后排序

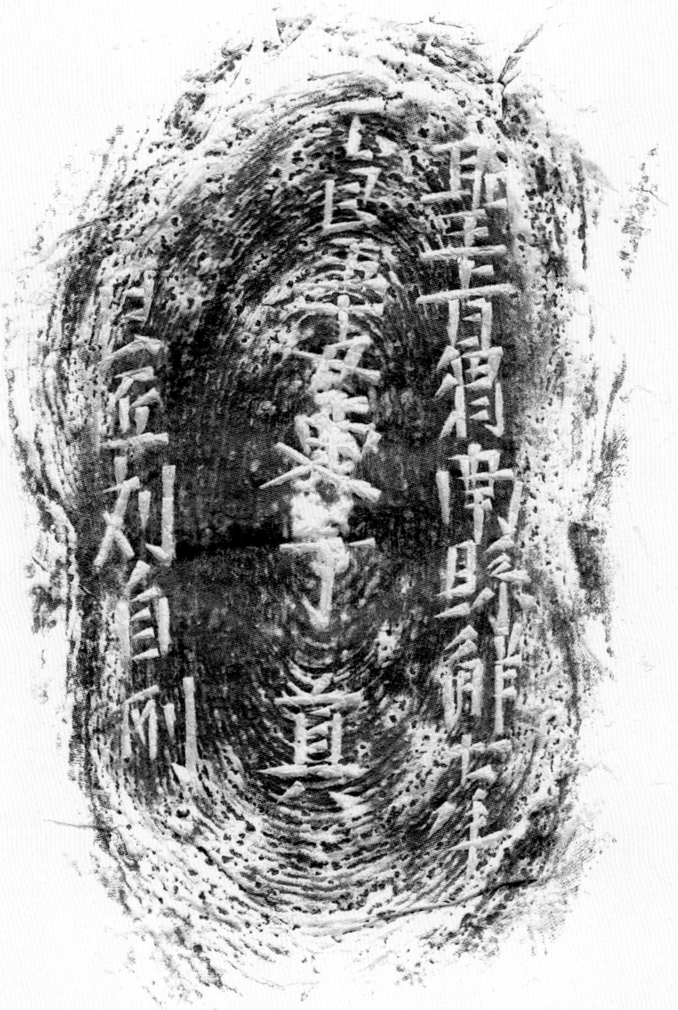

银锭

明代 | 银

长 11.47 厘米
束腰宽 6.60 厘米
高 7.79 厘米
重 1864.21 克

—

银锭

明代 | 银

长 12.96 厘米

束腰宽 6.79 厘米

高 7.89 厘米

重 1863.82 克

—

银锭

明代 | 银

长 11.87 厘米
束腰宽 6.04 厘米
高 6.87 厘米
重 1878.37 克
—

银锭

明代 | 银

长 11.66 厘米
束腰宽 6.72 厘米
高 6.53 厘米
重 1875.00 克
—

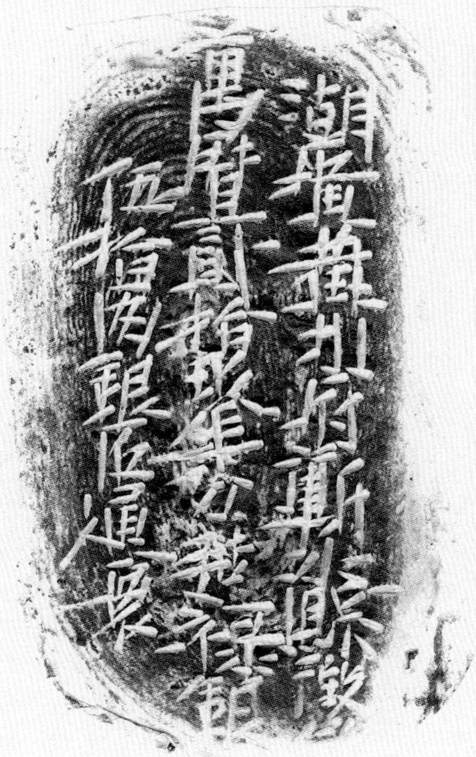

银锭

明代｜银

长 13.52 厘米
束腰宽 7.01 厘米
高 8.70 厘米
重 1874.07 克

—

萬安縣徵完

银锭

明代｜银

长 12.77 厘米
束腰宽 6.37 厘米
高 7.79 厘米
重 1855.14 克
—

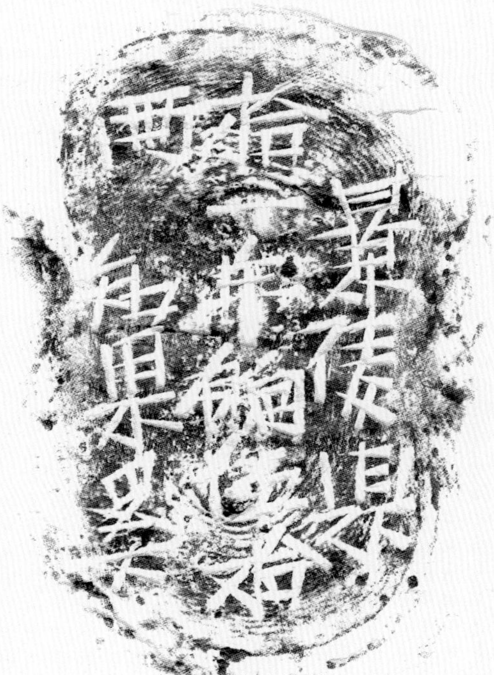

银锭

明代 | 银

长 11.12 厘米

束腰宽 6.59 厘米

高 8.02 厘米

重 1852.30 克

—

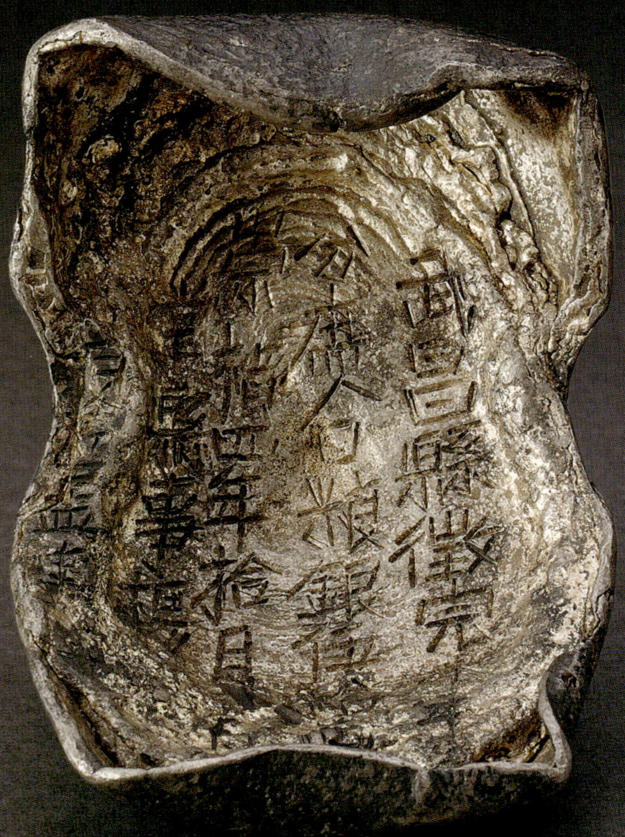

银锭

明代 | 银

长 13.72 厘米

束腰宽 6.04 厘米

高 8.36 厘米

重 1862.54 克

—

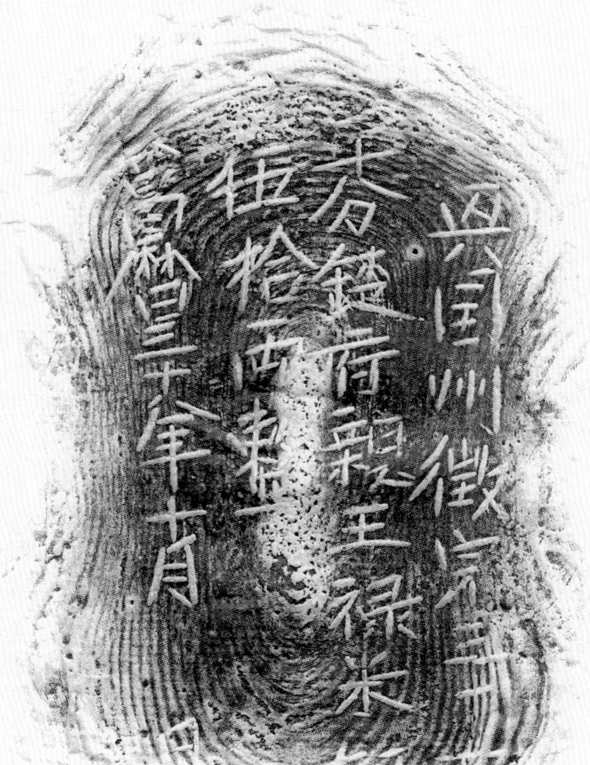

银锭

明代｜银

长 14.92 厘米
束腰宽 6.99 厘米
高 8.12 厘米
重 1852.04 克

—

银锭

明代｜银

长 15.29 厘米
束腰宽 7.24 厘米
高 8.31 厘米
重 1854.56 克

—

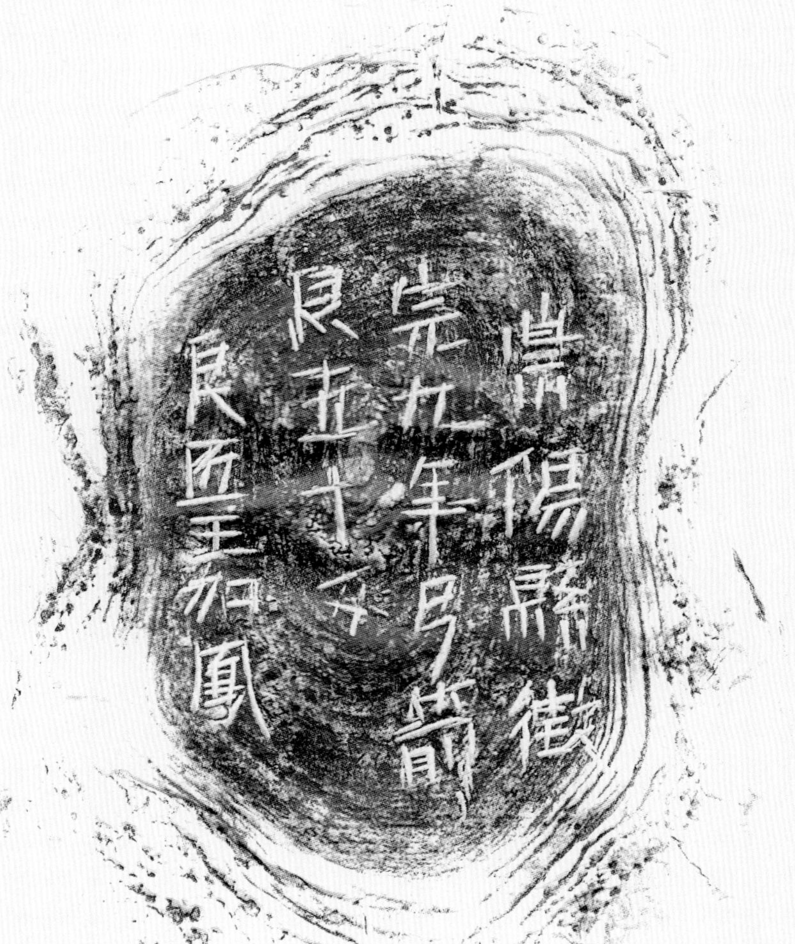

银锭

明代｜银

长 13.40 厘米
束腰宽 6.97 厘米
高 8.41 厘米
重 1850.00 克
—

银锭

明代 | 银

长 13.99 厘米
束腰宽 6.54 厘米
高 6.01 厘米
重 1870.00 克
—

银锭

明代 | 银

长 11.49 厘米
束腰宽 6.69 厘米
高 7.35 厘米
重 1851.29 克
—

银锭

明代 | 银

长 12.94 厘米
束腰宽 5.85 厘米
高 8.35 厘米
重 1818.50 克
—

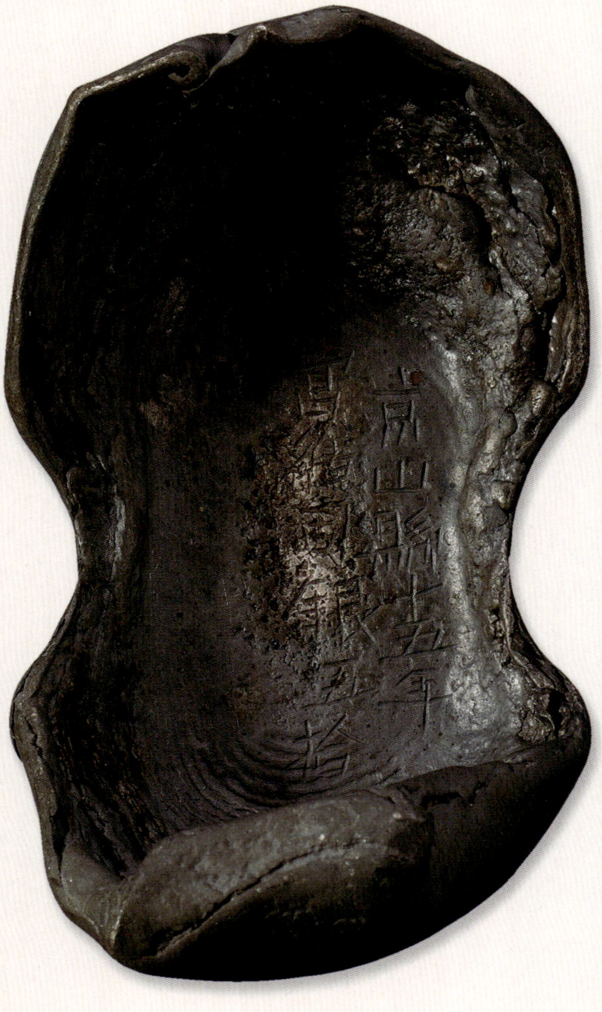

高山縣廿五年

银锭

明代｜银

长 12.67 厘米
束腰宽 6.70 厘米
高 7.65 厘米
重 1851.78 克
—

银锭

明代 | 银

长 14.47 厘米

束腰宽 7.12 厘米

高 8.75 厘米

重 1840.33 克

—

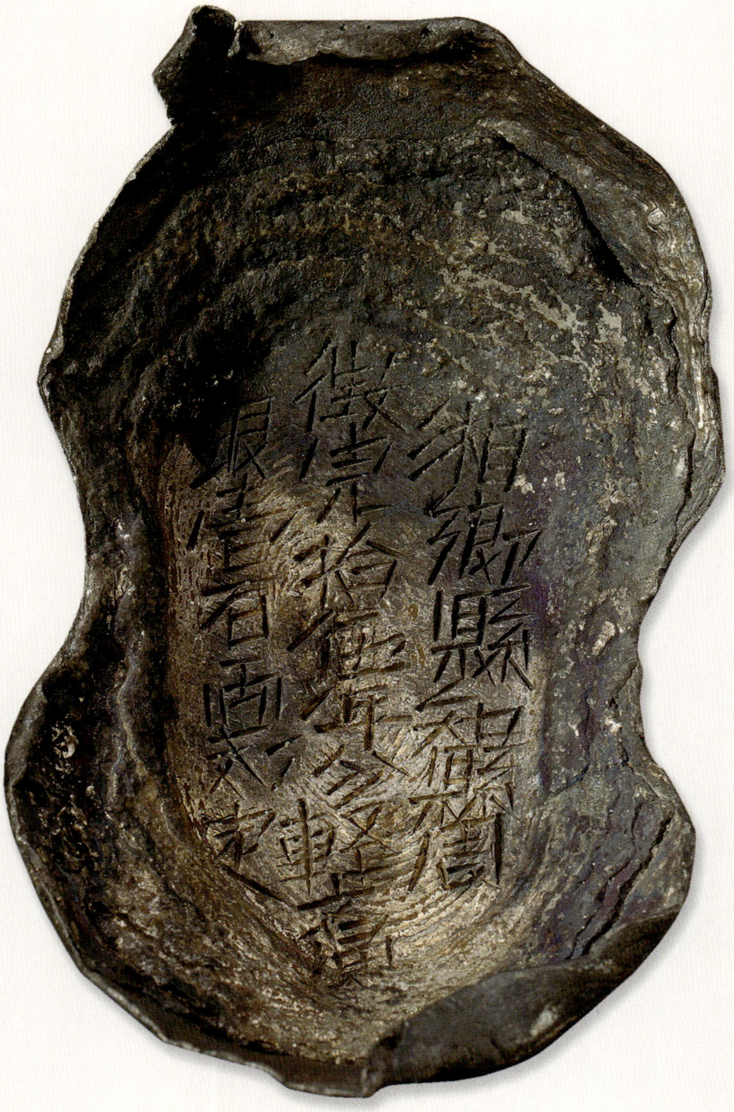

银锭

明代｜银

长 14.82 厘米
束腰宽 6.96 厘米
高 8.83 厘米
重 1843.76 克

—

银锭

明代｜银

长 14.65 厘米
束腰宽 7.45 厘米
高 8.75 厘米
重 1863.47 克
—

澧州徵十五年

银锭

明代｜银

长 13.14 厘米
束腰宽 7.04 厘米
高 9.00 厘米
重 1865.00 克
—

银锭

明代｜银

长 14.14 厘米
束腰宽 6.41 厘米
高 7.31 厘米
重 1850.20 克
—

衡陽縣徵完
崇禎十五年
輕齎銀伍十兩
銀匠刘未

银锭

明代｜银

长 13.43 厘米
束腰宽 7.15 厘米
高 7.10 厘米
重 1858.36 克
—

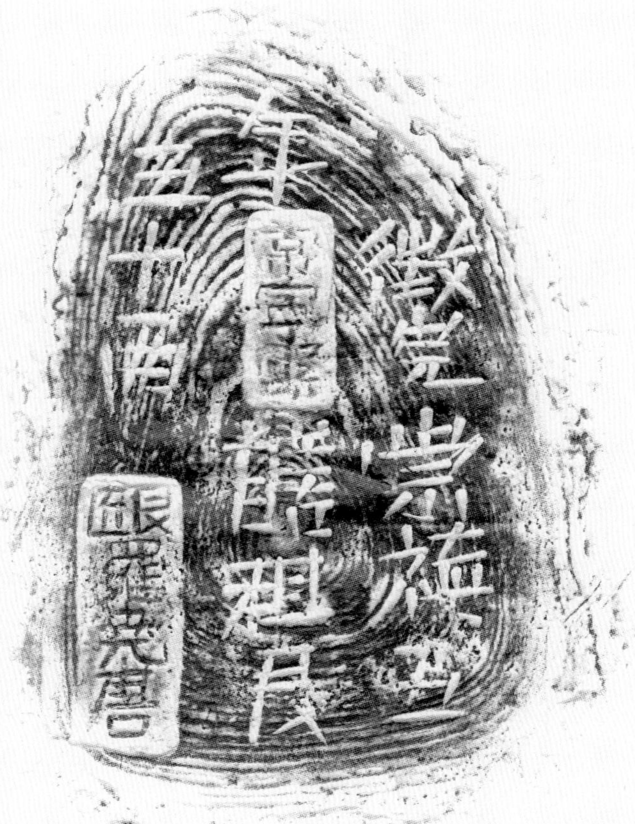

银锭

明代｜银

长 12.74 厘米
束腰宽 6.52 厘米
高 5.42 厘米
重 1762.39 克
—

桂陽州鞘
銀伍拾兩

银锭

明代 | 银

长 12.88 厘米
束腰宽 6.37 厘米
高 8.00 厘米
重 1863.22 克
—

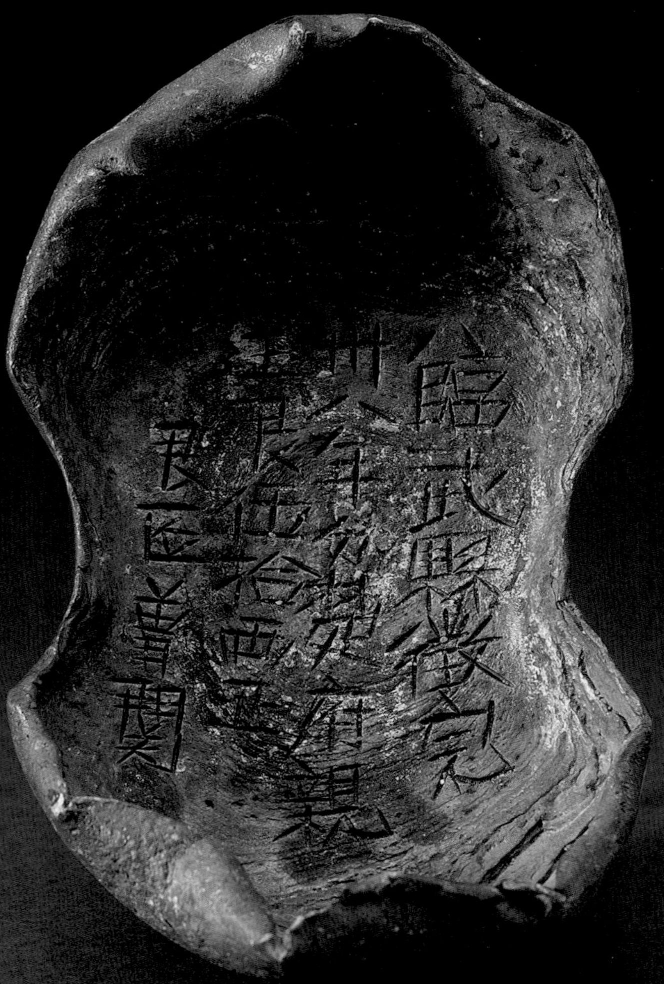

银锭

明代 | 银

长 12.07 厘米

束腰宽 7.11 厘米

高 7.27 厘米

重 1802.55 克

—

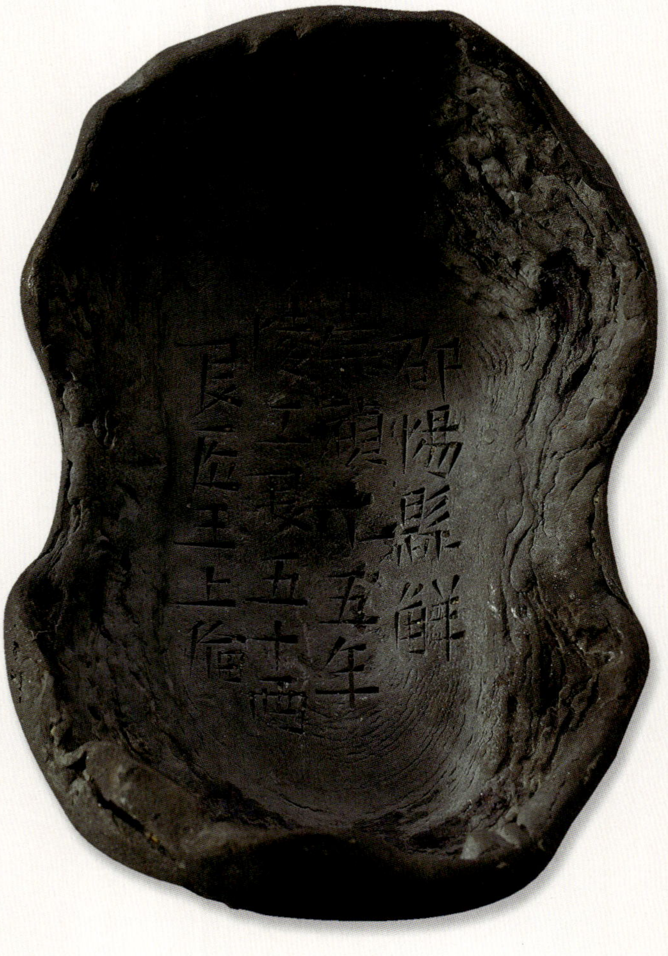

邵陽縣解

银锭

明代 | 银

长 13.51 厘米
束腰宽 6.97 厘米
高 6.95 厘米
重 1857.76 克
—

银锭

明代｜银

长 15.25 厘米
束腰宽 7.04 厘米
高 9.08 厘米
重 1834.75 克
—

银锭

明代 | 银

长 13.06 厘米

束腰宽 5.96 厘米

高 6.09 厘米

重 1841.72 克

—

银锭

明代｜银

长 13.71 厘米

束腰宽 7.01 厘米

高 8.21 厘米

重 1821.95 克

—

银锭

明代 | 银

长 12.28 厘米
束腰宽 6.69 厘米
高 7.63 厘米
重 1848.52 克
—

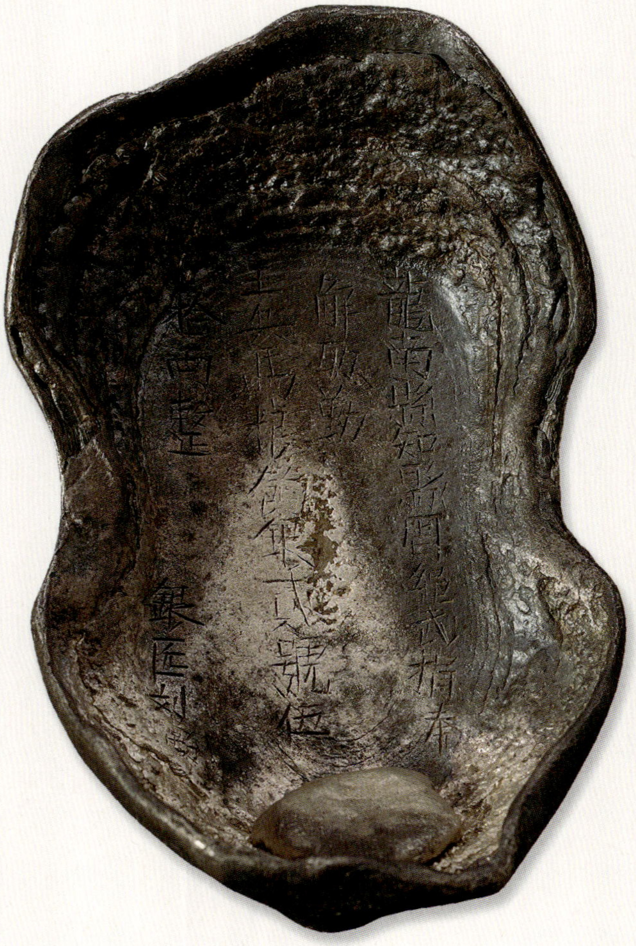

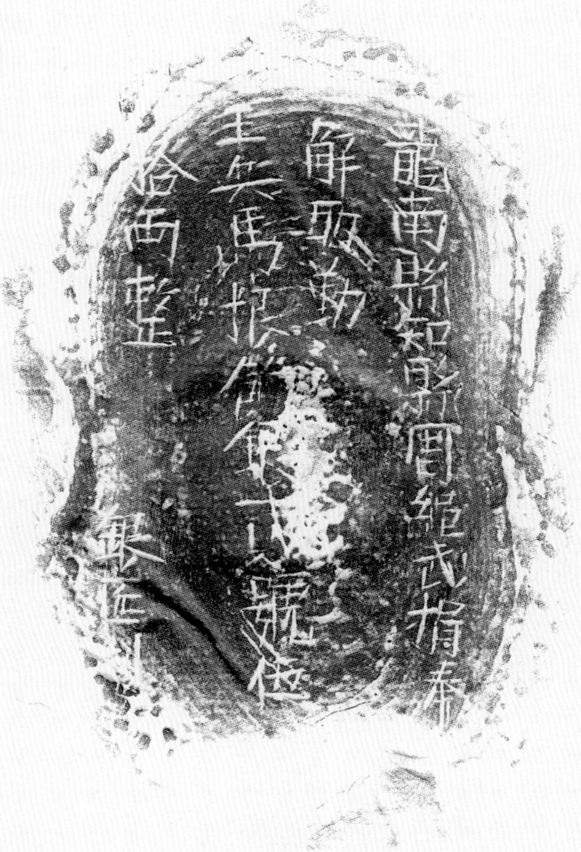

银锭

明代 | 银

长 10.40 厘米

束腰宽 5.67 厘米

高 5.94 厘米

重 1855.47 克

—

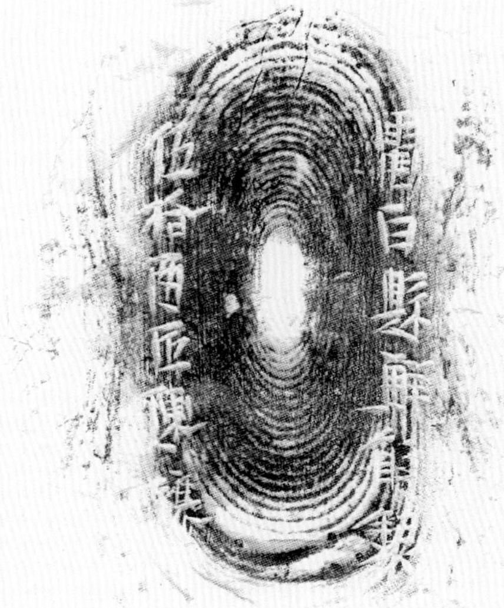

银锭

明代 | 银

长 10.79 厘米
束腰宽 5.55 厘米
高 7.07 厘米
重 1844.42 克
—

银锭

明代 | 银

长 12.64 厘米

束腰宽 5.62 厘米

高 7.94 厘米

重 1838.83 克

—

银锭

明代 | 银

长 11.58 厘米
束腰宽 6.07 厘米
高 6.20 厘米
重 1869.95 克
—

银锭

明代 | 银

长 11.71 厘米

束腰宽 5.64 厘米

高 7.41 厘米

重 1864.08 克

—

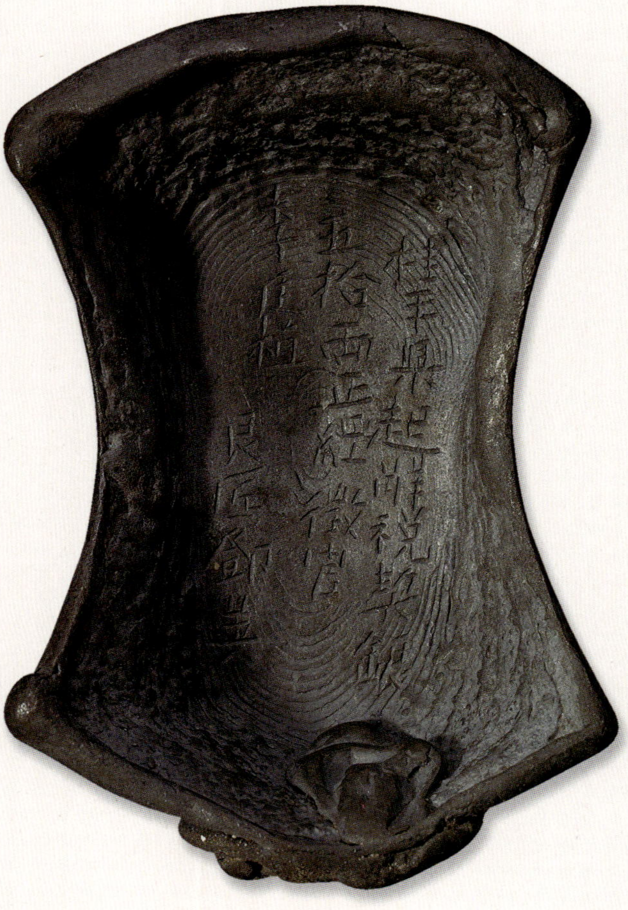

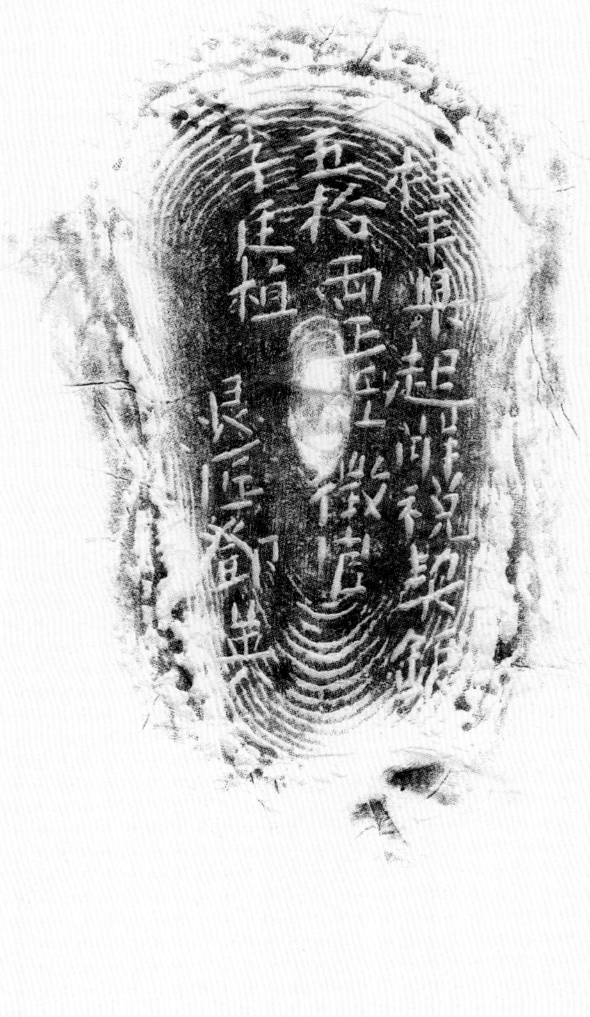

银锭

明代 | 银

长 12.58 厘米
束腰宽 6.29 厘米
高 7.16 厘米
重 1863.39 克
—

银锭

明代 | 银

长 13.44 厘米
束腰宽 6.37 厘米
高 5.78 厘米
重 1838.18 克
—

银锭

明代｜银

长 14.35 厘米
束腰宽 6.58 厘米
高 6.69 厘米
重 1850.28 克

—

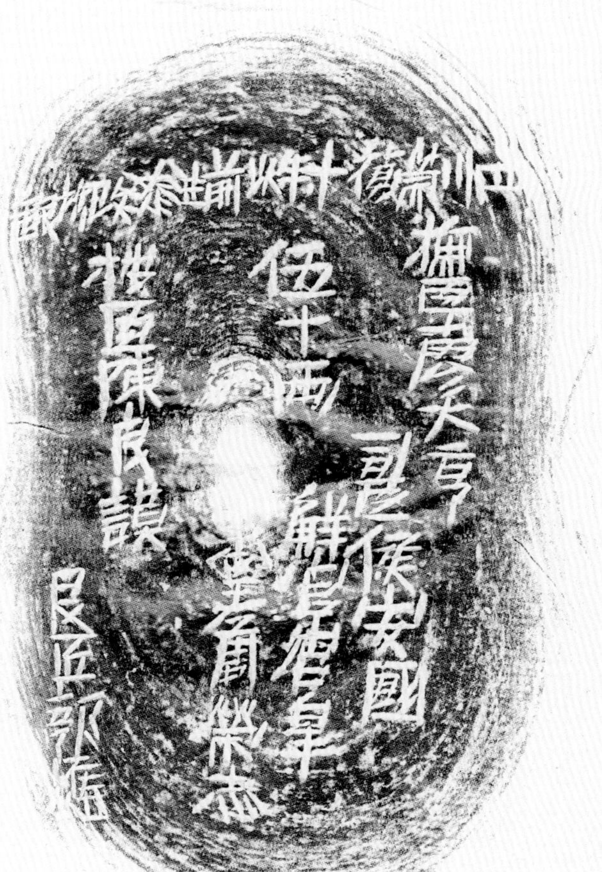

银锭

明代 | 银

长 15.92 厘米
束腰宽 6.34 厘米
高 5.78 厘米
重 1857.17 克
—

银锭

明代｜银

长 13.62 厘米

束腰宽 7.63 厘米

高 7.60 厘米

重 1851.93 克

—

银锭

明代 | 银

长 13.91 厘米
束腰宽 6.53 厘米
高 6.85 厘米
重 1845.00 克
—

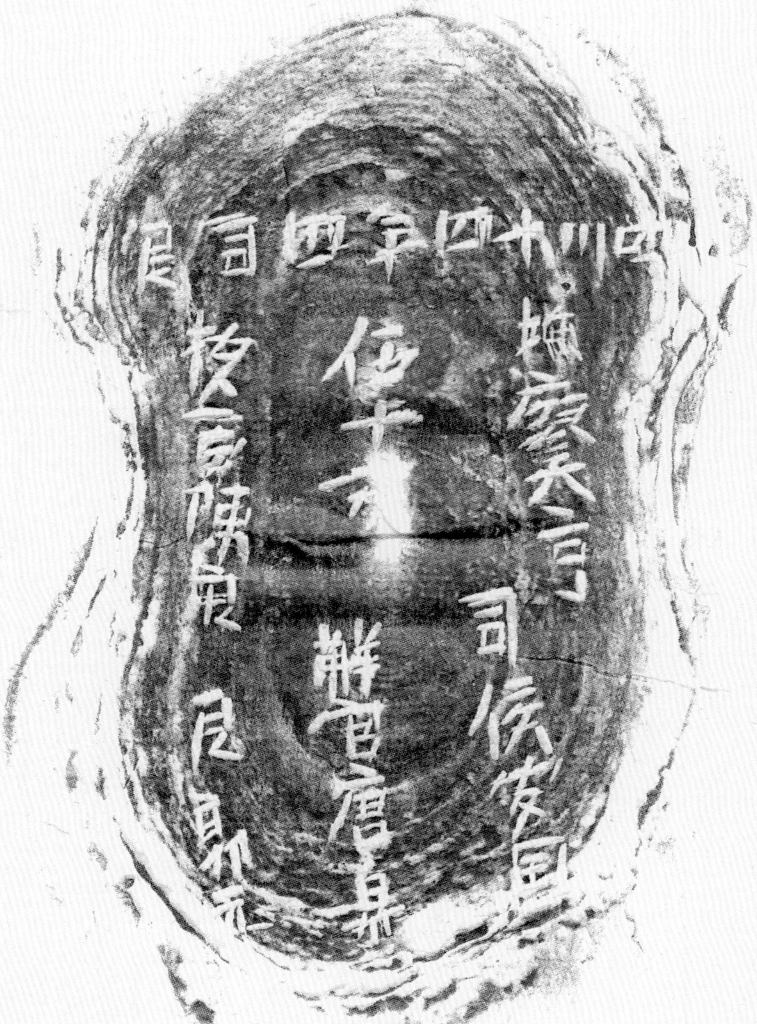

银锭

明代 | 银

长 11.93 厘米
束腰宽 6.75 厘米
高 5.35 厘米
重 1863.48 克

—

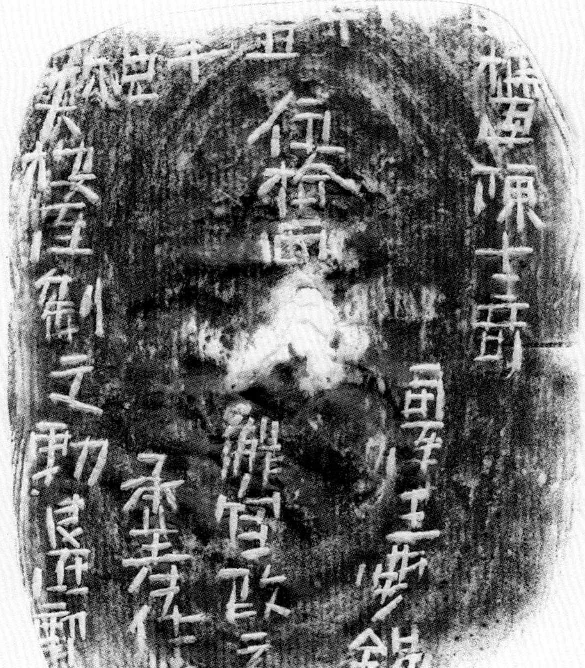

银锭

明代 | 银

长 12.61 厘米
束腰宽 7.73 厘米
高 5.54 厘米
重 1847.51 克
—

银锭

明代 | 银

长 13.63 厘米

束腰宽 6.90 厘米

高 5.46 厘米

重 1841.09 克

—

银锭

明代｜银

长 14.97 厘米

束腰宽 6.78 厘米

高 7.78 厘米

重 1848.22 克

—

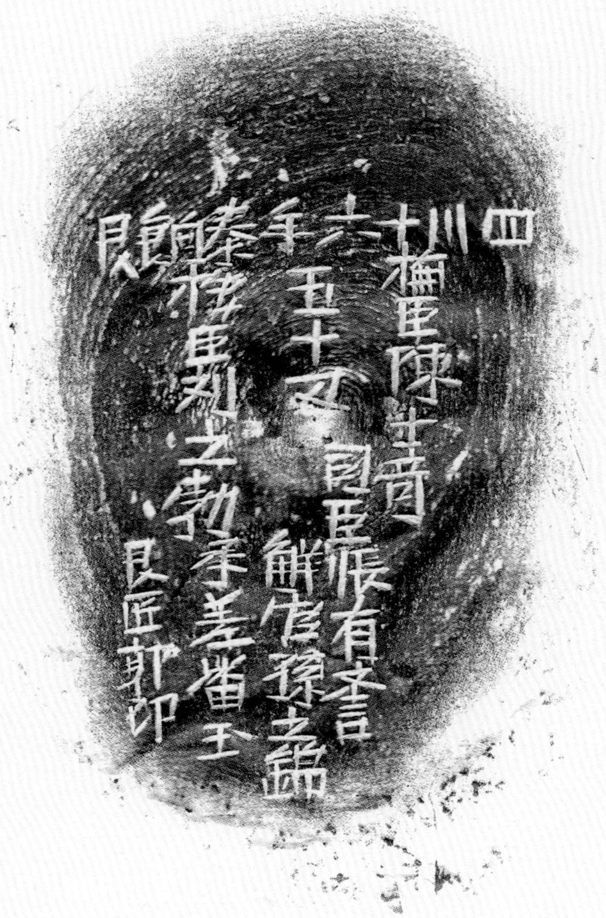

银锭

明代 | 银

长 13.32 厘米
束腰宽 7.54 厘米
高 7.96 厘米
重 1848.84 克

—

银锭

明代 | 银

长 13.68 厘米

束腰宽 7.26 厘米

高 4.17 厘米

重 1854.85 克

—

银锭

明代 | 银

长 13.53 厘米

束腰宽 5.11 厘米

高 5.14 厘米

重 1854.57 克

—

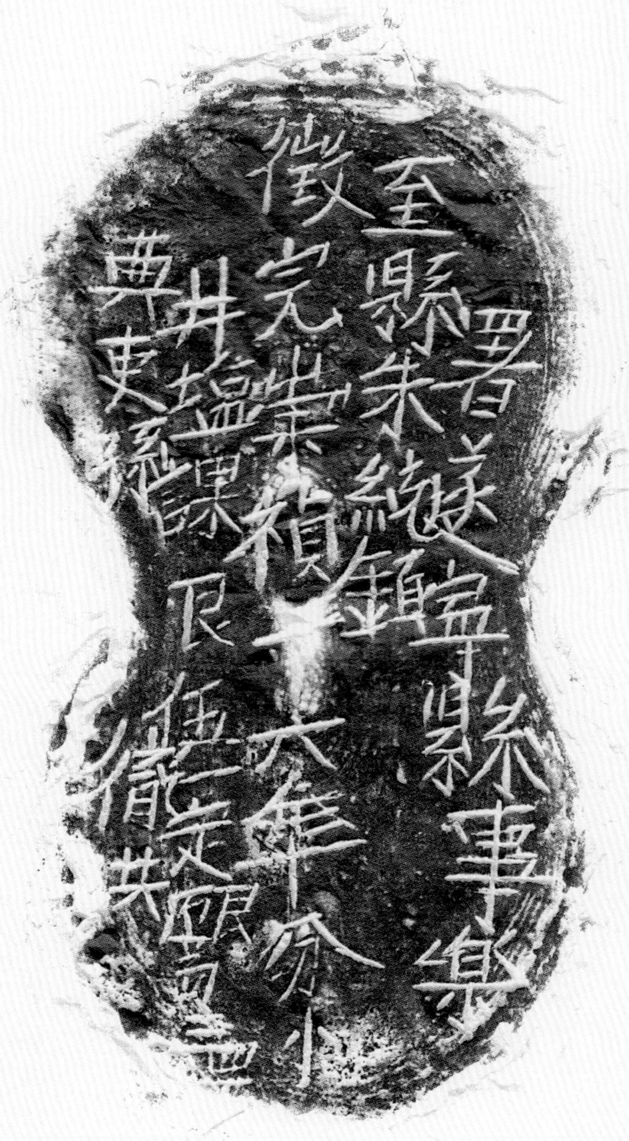

银锭

明代 | 银

长 13.82 厘米

束腰宽 5.80 厘米

高 5.16 厘米

重 1878.89 克

—

遂寧縣解
知縣刘新民

银锭

明代 | 银

长 13.72 厘米
束腰宽 7.70 厘米
高 5.61 厘米
重 1859.72 克
—

隣水縣徵完

银锭

明代 | 银

长 13.87 厘米

束腰宽 6.74 厘米

高 5.54 厘米

重 1860.74 克

—

银锭

明代 | 银

长 11.93 厘米

束腰宽 7.20 厘米

高 5.60 厘米

重 1853.78 克

—

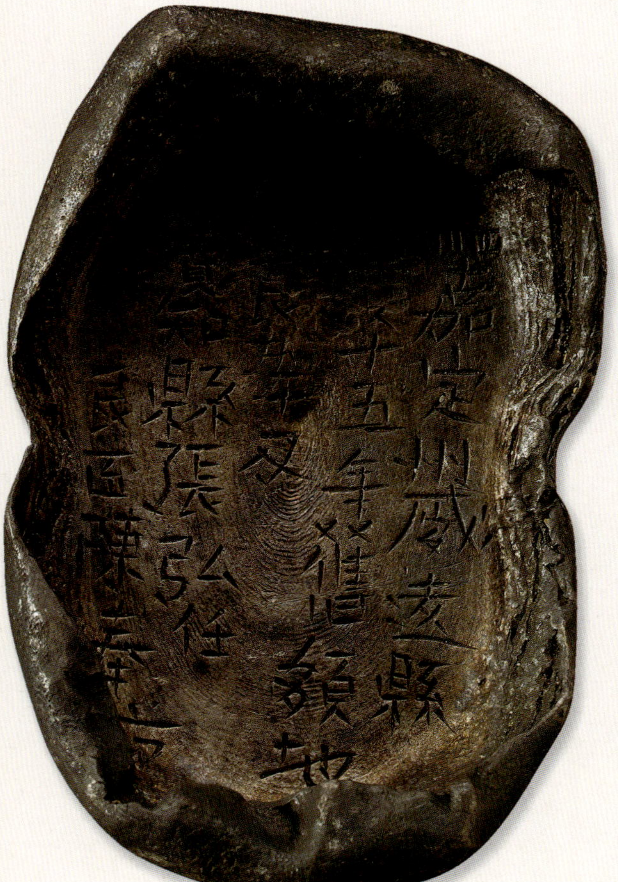

银锭

明代 | 银

长 15.10 厘米

束腰宽 6.96 厘米

高 9.17 厘米

重 1857.51 克

—

银锭

明代｜银

长 13.73 厘米
束腰宽 6.45 厘米
高 8.00 厘米
重 1836.76 克

—

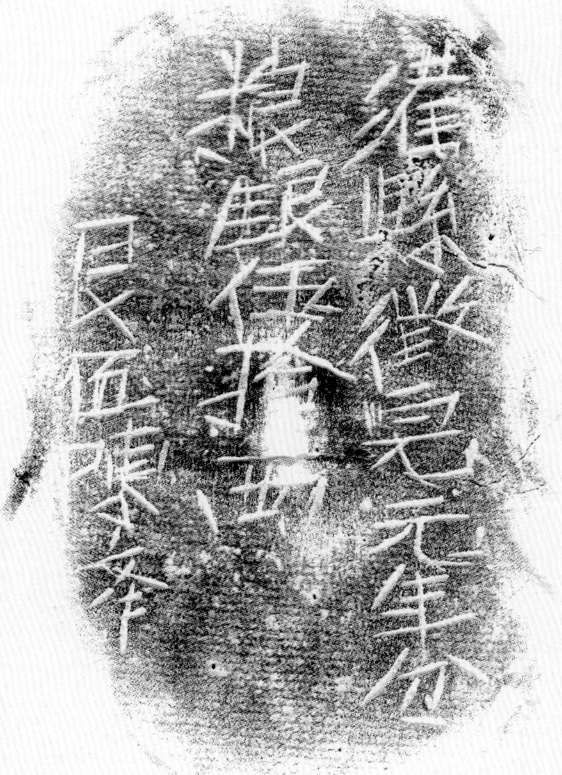

银锭

明代 | 银

长 11.59 厘米
束腰宽 7.11 厘米
高 4.86 厘米
重 1847.81 克

—

银锭

明代｜银

长 13.87 厘米

束腰宽 6.03 厘米

高 6.18 厘米

重 1869.12 克

—

银锭

明代｜银

长 13.26 厘米

束腰宽 6.16 厘米

高 6.69 厘米

重 1890.09 克

—

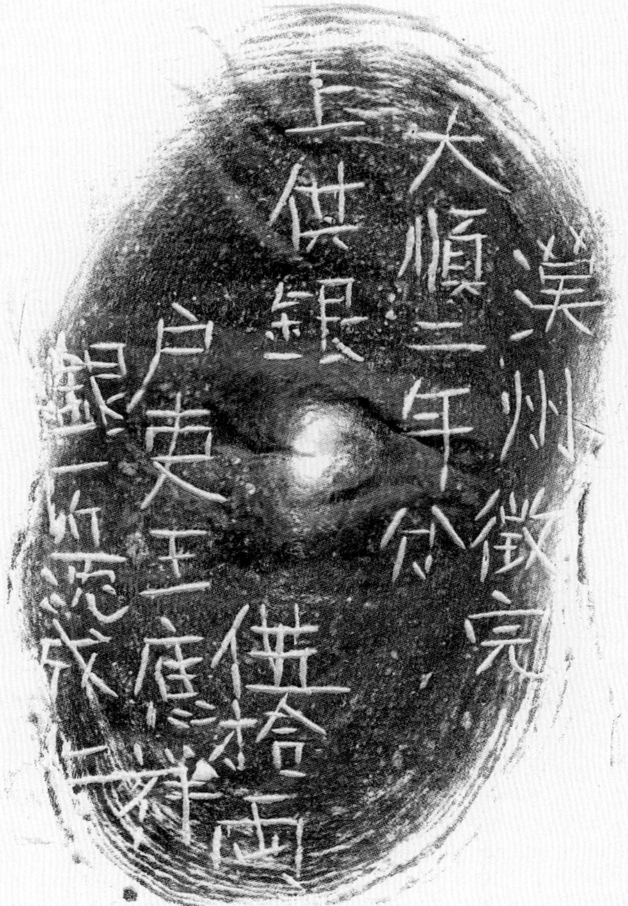

银锭

明代 | 银

长 13.75 厘米
束腰宽 7.10 厘米
高 6.79 厘米
重 1837.71 克
—

银锭

明代 | 银

长 14.24 厘米
束腰宽 6.28 厘米
高 6.22 厘米
重 1833.97 克
—

西双流縣
朝良匠黄楊

银锭

明代 | 银

长 13.46 厘米
束腰宽 7.53 厘米
高 7.82 厘米
重 1864.50 克

—

银锭

明代 | 银

长 12.39 厘米
束腰宽 6.66 厘米
高 6.89 厘米
重 1873.84 克
—

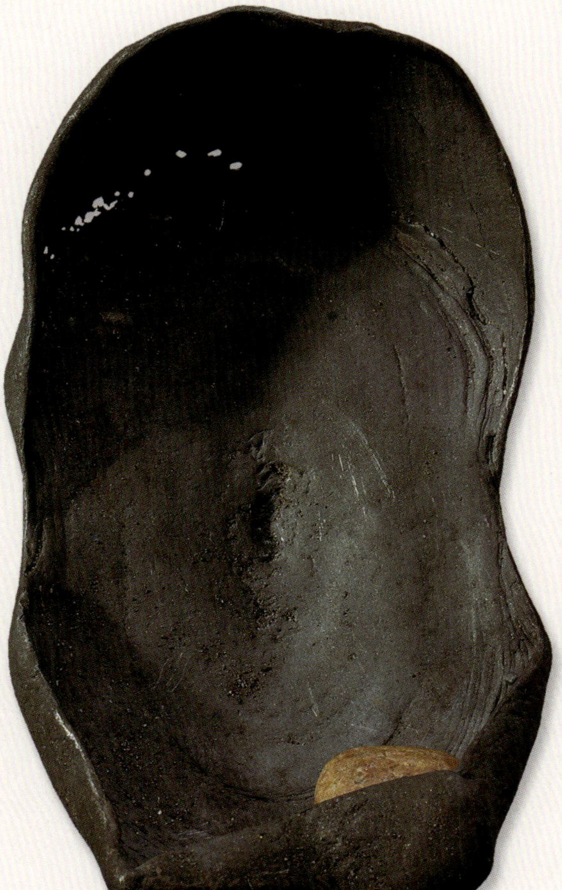

银锭

明代 | 银

长 12.96 厘米
束腰宽 6.29 厘米
高 6.59 厘米
重 1867.95 克

—

银锭

明代 | 银

长 13.49 厘米
束腰宽 6.36 厘米
高 6.66 厘米
重 1850.00 克

—

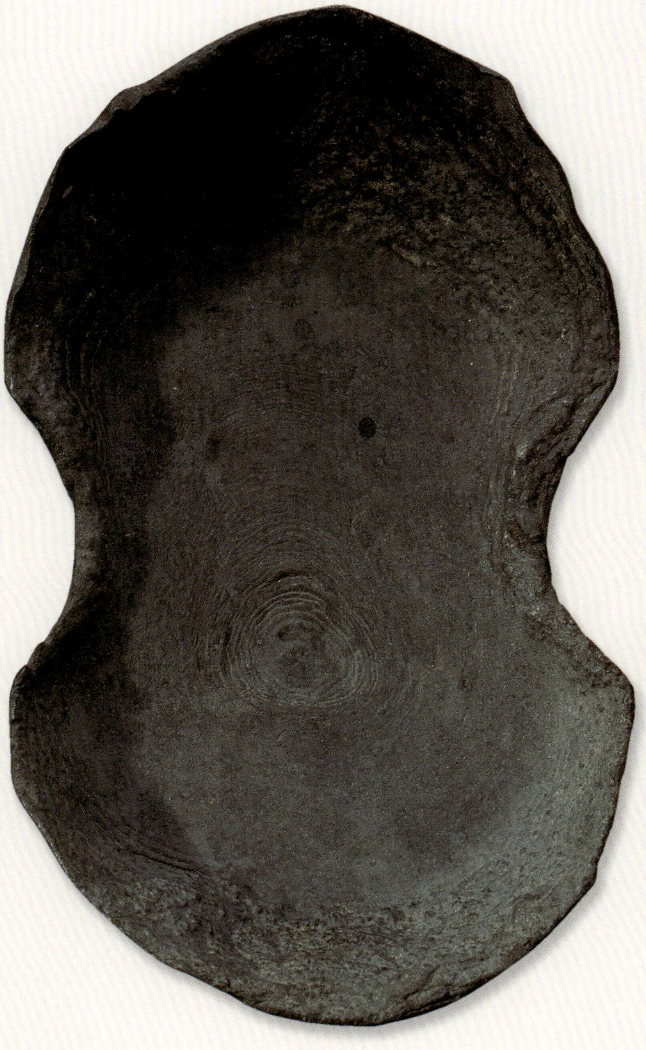

银锭

明代 | 银

长 13.48 厘米
束腰宽 7.32 厘米
高 7.47 厘米
重 1820.01 克
—

银锭

明代 | 银

长 13.84 厘米
束腰宽 6.41 厘米
高 7.23 厘米
重 1815.14 克
—

银锭

明代 | 银

长 12.66 厘米

束腰宽 6.38 厘米

高 6.82 厘米

重 1482.43 克

—

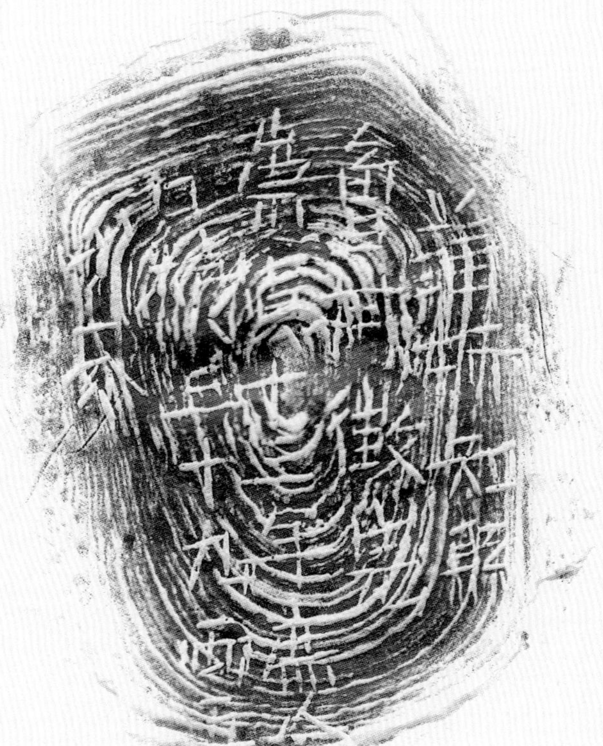

银锭

明代｜银

长 12.80 厘米
束腰宽 6.78 厘米
高 6.82 厘米
重 1466.84 克
—

银锭

明代 | 银

长 10.56 厘米

束腰宽 5.56 厘米

高 6.01 厘米

重 1237.87 克

—

银锭

明代 | 银

长 12.76 厘米

束腰宽 4.89 厘米

高 3.93 厘米

重 1113.06 克

—

银锭

明代 | 银

长 10.53 厘米

束腰宽 5.23 厘米

高 4.09 厘米

重 1101.94 克

—

银锭

明代 | 银

长 10.02 厘米
束腰宽 5.37 厘米
高 3.70 厘米
重 993.21 克
—

银锭

明代 | 银

长 11.34 厘米
束腰宽 5.92 厘米
高 4.28 厘米
重 914.47 克
—

银锭

明代｜银

长 11.60 厘米
束腰宽 7.01 厘米
高 2.89 厘米
重 873.46 克

—

银锭

明代 | 银

长 8.65 厘米
束腰宽 4.52 厘米
高 4.11 厘米
重 731.88 克

—

银锭

明代 | 银

长 9.58 厘米
束腰宽 4.10 厘米
高 4.45 厘米
重 718.02 克
—

银锭

明代 | 银

长 10.80 厘米

束腰宽 5.10 厘米

高 5.01 厘米

重 717.82 克

—

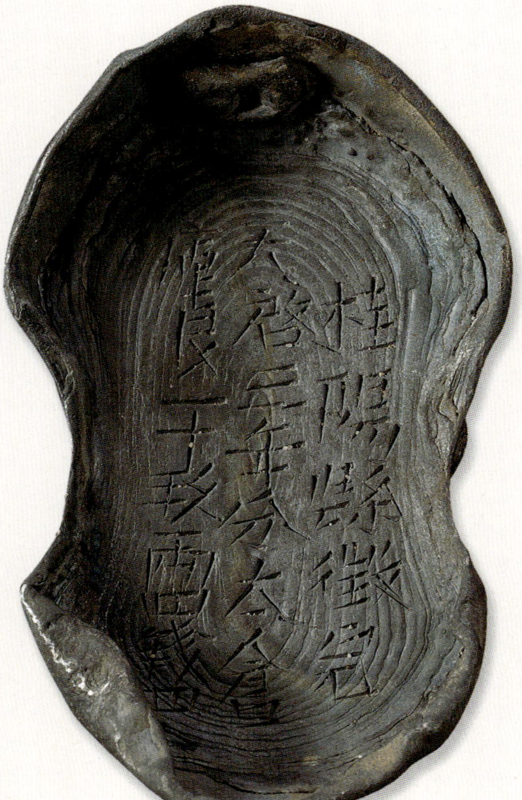

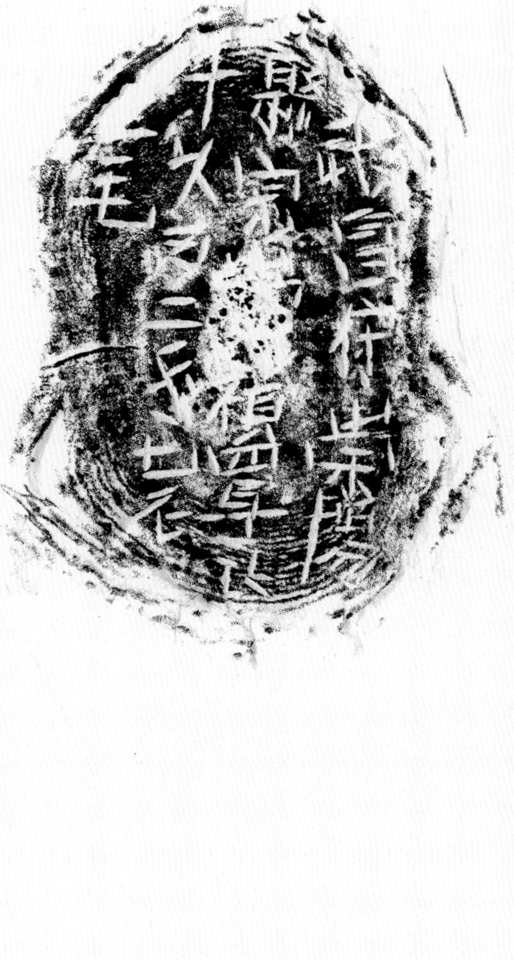

银锭

明代｜银

长 8.46 厘米
束腰宽 4.44 厘米
高 4.07 厘米
重 665.73 克

—

银锭

明代 | 银

长 10.09 厘米
束腰宽 5.46 厘米
高 4.26 厘米
重 588.21 克
—

银锭

明代 | 银

长 8.40 厘米
束腰宽 4.14 厘米
高 5.06 厘米
重 517.11 克
—

银锭

明代｜银

长 6.81 厘米
束腰宽 3.71 厘米
高 2.38 厘米
重 377.77 克
—

银锭

明代 | 银

长 8.42 厘米
束腰宽 4.34 厘米
高 3.34 厘米
重 374.96 克
—

银锭

明代 | 银

长 7.89 厘米
束腰宽 3.68 厘米
高 3.55 厘米
重 367.53 克
—

银锭

明代 | 银

长 9.23 厘米
束腰宽 4.49 厘米
高 2.83 厘米
重 365.55 克
—

银锭

明代 | 银

长 8.17 厘米
束腰宽 3.99 厘米
高 3.21 厘米
重 364.89 克
—

银锭

明代｜银

长 9.81 厘米
束腰宽 4.04 厘米
高 1.92 厘米
重 362.96 克

—

银锭

明代 | 银

长 7.54 厘米
束腰宽 3.75 厘米
高 2.52 厘米
重 345.56 克

银锭

明代 | 银

长 8.44 厘米
束腰宽 3.80 厘米
高 4.53 厘米
重 323.69 克

—

银锭

明代｜银

长 7.95 厘米
束腰宽 3.61 厘米
高 4.25 厘米
重 314.09 克
—

银锭

明代｜银

长 7.77 厘米
束腰宽 3.57 厘米
高 4.35 厘米
重 307.89 克

—

银锭

明代 | 银

长 7.67 厘米
束腰宽 3.75 厘米
高 4.95 厘米
重 306.81 克

—

银锭

明代 | 银

长 8.10 厘米
束腰宽 3.95 厘米
高 3.55 厘米
重 305.12 克
—

银锭

明代 | 银

长 7.55 厘米

束腰宽 3.61 厘米

高 3.51 厘米

重 303.42 克

—

银锭

明代 | 银

长 7.78 厘米

束腰宽 3.46 厘米

高 3.99 厘米

重 289.25 克

—

银锭

明代 | 银

长 6.75 厘米

束腰宽 3.70 厘米

高 2.79 厘米

重 285.13 克

—

银锭

明代 | 银

长 6.80 厘米

束腰宽 3.57 厘米

高 2.86 厘米

重 276.95 克

—

银锭

明代 | 银

长 6.87 厘米

束腰宽 3.51 厘米

高 3.64 厘米

重 256.89 克

—

银锭

明代 | 银

长 7.22 厘米

束腰宽 3.43 厘米

高 3.66 厘米

重 240.36 克

—

银锭

明代 | 银

长 8.19 厘米
束腰宽 3.82 厘米
高 3.62 厘米
重 224.54 克
—

银锭

明代 | 银

长 5.57 厘米
束腰宽 3.35 厘米
高 2.54 厘米
重 224.25 克
—

银锭

明代｜银

长 6.27 厘米
束腰宽 3.25 厘米
高 2.31 厘米
重 219.19 克

—

银锭

明代 | 银

长 6.28 厘米
束腰宽 2.78 厘米
高 3.06 厘米
重 122.30 克

—

银锭

明代 | 银

长 5.40 厘米
束腰宽 3.07 厘米
高 2.08 厘米
重 121.01 克

—

银锭

明代｜银

长 6.44 厘米
束腰宽 3.24 厘米
高 3.22 厘米
重 120.41 克

—

银锭

明代｜银

长 5.22 厘米
束腰宽 3.17 厘米
高 2.60 厘米
重 118.08 克

—

银锭

明代 | 银

长 6.00 厘米
束腰宽 3.00 厘米
高 1.30 厘米
重 115.81 克
—

银锭

明代 | 银

长 5.93 厘米
束腰宽 2.93 厘米
高 1.65 厘米
重 109.76 克
—

银锭

明代 | 银

长 6.28 厘米
束腰宽 3.08 厘米
高 2.07 厘米
重 108.82 克

—

银锭

明代 | 银

长 6.95 厘米
束腰宽 3.12 厘米
高 2.54 厘米
重 108.43 克

—

银饼

明代 | 银

最大径 9.80 厘米

厚 0.57 厘米

重 396.64 克

—

银饼

明代 | 银

最大径 9.91 厘米
厚 0.54 厘米
重 379.66 克
—

银饼

明代｜银

最大径 10.25 厘米

厚 0.67 厘米

重 366.42 克

—

银饼

明代 | 银

最大径 9.03 厘米
厚 0.53 厘米
重 294.18 克

—

银饼

明代 | 银

最大径 8.32 厘米
厚 0.48 厘米
重 261.6 克

—

银饼

明代｜银

最大径 8.24 厘米
厚 0.60 厘米
重 214.51 克
—

银饼

明代 | 银

最大径 8.21 厘米
厚 0.46 厘米
重 183.61 克
—

银饼

明代 | 银

最大径 7.23 厘米
厚 0.59 厘米
重 180.66 克
—

银饼

明代｜银

最大径 7.72 厘米

厚 0.48 厘米

重 171.81 克

—

银饼

明代 | 银

最大径 7.38 厘米
厚 0.49 厘米
重 158.36 克

—

银饼

明代 | 银

最大径 7.66 厘米
厚 0.40 厘米
重 147.35 克

—

银饼

明代 | 银

最大径 6.13 厘米
厚 0.70 厘米
重 133.18 克
—

银饼

明代｜银

最大径 6.50 厘米
厚 0.48 厘米
重 131.29 克

—

银饼

明代｜银

最大径 6.98 厘米
厚 0.45 厘米
重 118.41 克
—

银饼

明代 | 银

最大径 5.88 厘米
厚 0.60 厘米
重 111.50 克
—

银饼

明代 | 银

最大径 6.34 厘米
厚 0.49 厘米
重 106.17 克

—

银饼

明代｜银

最大径 4.87 厘米

厚 0.61 厘米

重 95.19 克

—

银饼

明代 | 银

最大径 5.06 厘米

厚 0.67 厘米

重 85.59 克

—

银饼

明代 | 银

最大径 7.70 厘米

厚 0.48 厘米

重 83.85 克

—

银饼

明代 | 银

最大径 4.98 厘米

厚 0.58 厘米

重 82.45 克

—

银饼

明代 | 银

最大径 5.34 厘米

厚 0.42 厘米

重 78.06 克

—

银饼

明代｜银

最大径 5.42 厘米
厚 0.43 厘米
重 74.40 克
—

银饼

明代 | 银

最大径 5.10 厘米

厚 0.53 厘米

重 70.56 克

—

银饼

明代 | 银

最大径 7.09 厘米

厚 0.42 厘米

重 68.46 克

—

银饼

明代 | 银

最大径 4.97 厘米

厚 0.42 厘米

重 66.57 克

—

银饼

明代 | 银

最大径 4.67 厘米
厚 0.60 厘米
重 64.60 克

—

银饼

明代 | 银

最大径 4.78 厘米
厚 0.55 厘米
重 63.41 克

—

银饼

明代 | 银

最大径 4.49 厘米
厚 0.45 厘米
重 60.54 克
—

银饼

明代 | 银

最大径 4.71 厘米

厚 0.54 厘米

重 59.53 克

—

银饼

明代 | 银

最大径 4.30 厘米
厚 0.47 厘米
重 54.03 克
—

银饼

明代｜银

最大径 4.85 厘米
厚 0.35 厘米
重 51.12 克
—

银饼

明代 | 银

最大径 4.07 厘米
厚 0.48 厘米
重 49.96 克

—

银饼

明代｜银

最大径 4.19 厘米
厚 0.47 厘米
重 47.12 克
—

银饼

明代｜银

最大径 4.12 厘米
厚 0.45 厘米
重 44.22 克

—

银饼

明代 | 银

最大径 3.83 厘米

厚 0.41 厘米

重 43.90 克

—

银饼

明代 | 银

最大径 3.58 厘米
厚 0.46 厘米
重 39.94 克
—

银饼

明代 | 银

最大径 4.01 厘米

厚 0.51 厘米

重 38.65 克

—

银饼

明代 | 银

最大径 3.31 厘米

厚 0.46 厘米

重 36.29 克

—

银饼

明代 | 银

最大径 3.43 厘米
厚 0.48 厘米
重 35.92 克

—

银饼

明代 | 银

最大径 3.68 厘米
厚 0.40 厘米
重 34.81 克

—

银饼

明代 | 银

最大径 3.98 厘米

厚 0.45 厘米

重 33.38 克

—

银饼

明代 | 银

最大径 3.35 厘米

厚 0.41 厘米

重 24.69 克

—

银饼

明代｜银

最大径 3.28 厘米

厚 0.49 厘米

重 24.18 克

—

银饼

明代｜银

最大径 3.62 厘米

厚 0.35 厘米

重 23.42 克

—

银饼

明代｜银

最大径 2.99 厘米

厚 0.46 厘米

重 22.97 克

—

银饼

明代｜银

最大径 3.27 厘米

厚 0.35 厘米

重 20.79 克

—

银饼

明代｜银

最大径 3.01 厘米

厚 0.27 厘米

重 20.08 克

—

银饼

明代｜银

最大径 3.18 厘米

厚 0.36 厘米

重 18.57 克

—

银饼

明代 | 银

最大径 2.44 厘米
厚 0.42 厘米
重 13.51 克
—

银饼

明代 | 银

最大径 2.58 厘米
厚 0.34 厘米
重 12.75 克
—

银饼

明代｜银

最大径 2.85 厘米
厚 0.57 厘米
重 11.26 克

—

银饼

明代｜银

最大径 2.01 厘米
厚 0.42 厘米
重 10.86 克

—

银饼

明代 | 银

最大径 2.32 厘米
厚 0.38 厘米
重 10.65 克
—

银饼

明代 | 银

最大径 2.24 厘米
厚 0.36 厘米
重 10.63 克
—

银饼

明代 | 银

最大径 2.76 厘米

厚 0.32 厘米

重 10.00 克

—

银饼

明代 | 银

最大径 1.75 厘米

厚 0.25 厘米

重 6.24 克

—

银饼

明代 | 银

最大径 1.77 厘米

厚 0.38 厘米

重 6.15 克

—

银饼

明代 | 银

最大径 1.35 厘米

厚 0.34 厘米

重 3.54 克

—

银块

明代｜银

长 17.50 厘米
宽 14.54 厘米
厚 0.81 厘米
重 1265.03 克

—

银块

明代｜银

长 11.44 厘米
宽 7.01 厘米
厚 1.01 厘米
重 454.32 克
—

银块

明代｜银

长 8.91 厘米
宽 5.02 厘米
厚 1.38 厘米
重 404.44 克
—

银块

明代 | 银

长 8.64 厘米
宽 7.64 厘米
厚 0.82 厘米
重 399.27 克
—

银块

明代 | 银

长 9.29 厘米
宽 6.65 厘米
厚 1.87 厘米
重 348.68 克

银块

明代 | 银

长 9.85 厘米
宽 6.41 厘米
厚 1.10 厘米
重 330.37 克
—

银块

明代 | 银

长 6.35 厘米
宽 6.15 厘米
厚 1.04 厘米
重 321.49 克

—

银块

明代 | 银

长 8.61 厘米
宽 7.14 厘米
厚 0.62 厘米
重 203.72 克
—

银块

明代 | 银

长 6.90 厘米
宽 6.20 厘米
厚 0.68 厘米
重 176.17 克

—

银块

明代 | 银

长 5.27 厘米
宽 3.09 厘米
厚 2.04 厘米
重 168.79 克
—

银块

明代 | 银

长 4.67 厘米
宽 4.01 厘米
厚 1.71 厘米
重 164.63 克
—

银块

明代｜银

长 3.04 厘米
宽 2.85 厘米
厚 1.39 厘米
重 69.45 克
—

银块

明代｜银

长 3.06 厘米
宽 2.90 厘米
厚 2.22 厘米
重 68.60 克
—

银条

明代 | 银

长 12.78 厘米
宽 2.40 厘米
厚 1.12 厘米
重 190.28 克
—

银条

明代｜银

长 8.00 厘米

宽 1.10 厘米

厚 0.84 厘米

重 55.42 克

—

后记

江口沉银遗址是中国百年来最为重要的明清时期考古发现，位于四川省眉山市彭山区的岷江河道内。2005年被发现，2017年进行了首次考古发掘，至今第五次发掘刚刚结束。遗址内出土了迄今为止数量最多的明代金银文物和大西政权文物，这批文物来源地域广泛，内涵非常丰富，涉及明代社会的政治、经济、历史、文化和军事等多个方面，是考古资料对明代社会最为全面的一次反映，对研究明末清初的历史格局具有重要意义。

六年来，我们一边进行发掘，一边在做相关考古资料的整理工作。由于遗址内出土的文物数量巨大，因此综合考古报告的出版还有待时日。为了让江口沉银遗址的出土文物早日与学界见面，能够为更多感兴趣的研究者提供基础资料，我们决定将其中的典型文物，按照类别以图录的形式先行出版，本卷即为其中之一，主要刊布的是遗址内出土的金银货币类文物。本书亦是“十四五”时期国家重点图书出版专项规划《江口沉银：四川彭山江口古战场遗址文物考古研究丛书》（十卷）其中之一。

这个系列的图录以科学刊布考古材料为宗旨，以本卷为例，我们将遗址内出土的247件金银货币，分为锭、饼、块、条四类，同时考虑到金、银为古代称量货币的性质，故每一类文物又均按照其自身重量，从重至轻，依次进行排列。图录中的文物，除公布详细的尺寸、重量信息外，在排版的时候亦按照原大进行刊布。对于有铭文的银锭，我们将铭文拓片，同样按照原大，附在银锭照片一侧。希望以上刊布文物的方式，能够给研究者带来一定程度上的便利。

图录中的文物照片由四川省文物考古研究院的鲁海子先生拍摄，银锭拓片由四川省文物考古研究院的黄琳女士拓制。本书的出版得到国家文物局、中共四川省委宣传部、四川省文化和旅游厅、四川省文物局的指导和支持，由四川省文物考古研究院、国家文物局考古研究中心和文物保护研究所三家单位共同组稿，巴蜀书社编辑出版。在此，向关心支持本书出版的单位和工作人员，表示诚挚的感谢。

图书在版编目（CIP）数据

江口沉银：四川彭山江口古战场遗址文物考古研究丛书. 江口沉银遗址出土金银货币卷 / 四川省文物考古研究院, 国家文物局考古研究中心, 眉山市彭山区文物保护研究所编. -- 成都：巴蜀书社, 2023.6

ISBN 978-7-5531-1833-8

Ⅰ. ①江… Ⅱ. ①四… ②国… ③眉… Ⅲ. ①古战场—文化遗址—考古发掘—研究—眉山—明代②黄金(货币)—研究—眉山—明代③银币(考古)—研究—眉山—明代 Ⅳ. ①K878.04②K875.64

中国版本图书馆CIP数据核字(2022)第197937号

JIANGKOU CHENYIN YIZHI CHUTU JINYIN HUOBI JUAN

江口沉银遗址出土金银货币卷

四川省文物考古研究院　国家文物局考古研究中心　眉山市彭山区文物保护研究所　编

策　划	周　颖　吴焕姣
责任编辑	王　莹　白　雅
封面设计	李中果
内文设计	四川胜翔数码印务设计有限公司
出　版	巴蜀书社
	四川省成都市锦江区三色路238号新华之星A座36楼　邮编：610023
	总编室电话：（028）86361843
网　址	www.bsbook.com
发　行	巴蜀书社
	发行科电话：（028）86361852
经　销	新华书店
印　刷	雅昌文化（集团）有限公司
版　次	2023年6月第1版
印　次	2023年6月第1次印刷
成品尺寸	210mm × 285mm
印　张	19.25
字　数	250千
书　号	ISBN 978-7-5531-1833-8
定　价	480.00元